PROCÈS-VERBAL

DE LA

VISITE PASTORALE

DE

JACQUES DE TOURNON

ÉVÊQUE DE VALENCE ET DE DIE

A DIE ET A CREST

(26 mars — 4 avril 1551)

PUBLIÉ ET ANNOTÉ PAR

L'ABBÉ JULES CHEVALIER

Professeur d'histoire ecclésiastique au Grand Séminaire de Romans

MONTBÉLIARD

IMPRIMERIE P. HOFFMANN

1882

PROCÈS-VERBAL
DE LA
VISITE PASTORALE
DE
JACQUES DE TOURNON
ÉVÊQUE DE VALENCE ET DE DIE
A DIE ET A CREST
(26 mars — 4 avril 1551).

PARMI les documents qui fournissent à l'historien les données à la fois les plus exactes et les plus complètes sur l'état matériel et moral de nos anciennes paroisses, il faut assurément mettre en première ligne les procès-verbaux des visites pastorales. Là en effet se trouvent consignés certains détails qu'on chercherait vainement ailleurs ; certaines particularités qui font revivre de vieilles coutumes et qui peignent sous des traits saisissants les vertus et les vices de nos pères. On ne saurait mettre en doute la sincérité de ceux qui rédigèrent ces sortes de rapports ; elle se manifeste pour ainsi dire à chaque ligne. Leurs informations doivent être d'autant mieux acceptées qu'elles étaient secrètes et ne paraissaient point destinées à voir jamais le jour. Aussi les livres ou les brochures qui ont mis en lumière quelques-uns de ces documents précieux ont-ils reçu du monde savant le meilleur accueil. Pour nous borner à ce qui concerne notre province, il nous suffira de

rappeler ici les Visites pastorales et ordinations des évêques de Grenoble de la maison de Chissé, *qu'a publiées M. l'abbé Ulysse* CHEVALIER [1] : *la lecture de ce curieux volume nous fait connaître plus de choses sur le clergé et le peuple en Dauphiné au XIVe et au XVe siècle que ne pourraient nous en apprendre tous les historiens.*

La pièce que nous allons reproduire [2] *ne saurait évidemment être mise en parallèle avec cet important ouvrage ; nous osons du moins espérer qu'elle ne sera point lue sans intérêt et profit. Rédigé à une époque où l'hérésie protestante commençait à faire son apparition dans nos contrées, ce document nous signale les premières démarches des novateurs, timides encore ; il nous les montre se glissant avec habileté au milieu des populations et, à l'aide d'équivoques, s'efforçant de surprendre leur bonne foi, leur ignorance. Nous retrouverons ici les noms de quelques-uns des personnages qui, dans l'ancien diocèse de Die, donnèrent l'exemple de la révolte contre l'autorité ecclésiastique. Mais, d'autre part, quelques lignes de ce procès-verbal nous révèleront plusieurs abus qui semblèrent alors autoriser les novateurs à faire entendre le mot fameux de Réforme. Comme nous pourrons bientôt le constater, les maisons régulières à cette époque ne méritaient guère cette qualification. La perception de leurs revenus était l'objet d'une espèce de trafic, qui présentait les plus graves inconvénients. Puis, ces mêmes revenus, obtenus par les arrendataires ou collecteurs, non sans réclamations et sans procès, passaient entre les mains de quelques abbés ou prieurs commendataires, qui ne connaissaient souvent que de nom le prieuré, le monastère dont ils devaient le titre à leur naissance ou à la faveur royale. Quant aux religieux qui habitaient encore ces antiques maisons du recueillement et de la prière, ils étaient le plus souvent abandonnés à eux-mêmes, dans un état voisin de l'indigence. Cette situation déplorable les jetait dans la voie glissante du relâchement, et du*

---

1. *Montbéliard, 1874, in-8°.*
2. *Ce document n'avait point échappé aux recherches du Jésuite* COLUMBI, *qui en a donné une rapide analyse : voir ses* Opuscula varia, *Lugd., 1668, in-fol., p. 335. Nous le publions d'après une copie qui fait partie des archives de Mme de Lamorte-Félines, à Die.*

relâchement à l'oubli de tous les devoirs monastiques il n'y avait qu'un pas. Le lecteur ne pourra s'empêcher d'être ému en entendant les plaintes que font à l'évêque visiteur les cisterciens de Valcroissant.

La visite pastorale dont nous publions le compte-rendu fut faite par l'évêque Jacques de Tournon, qui gouverna depuis l'année 1537 jusqu'en 1553 les églises unies de Valence et de Die. Ce prélat appartenait à une noble famille qui a donné à l'Etat et à l'Eglise bien des personnages illustres : François, cardinal de Tournon, successivement archevêque d'Embrun, de Bourges et de Lyon, fondateur du collège des Jésuites de Tournon ; Charles, évêque de Rodez ; Gaspard, qui avait occupé les sièges épiscopaux de Valence et de Die entre les années 1505 et 1520 ; Charles, évêque de Viviers, etc.

Ce fut au retour d'un voyage à Rome, où il était allé rejoindre son oncle le cardinal, employé alors par la cour de France auprès du pape Jules III pour certaines négociations diplomatiques [1], que l'évêque de Valence et de Die, Jacques de Tournon, commença la visite de ses diocèses. Ainsi que le rappelle notre procès-verbal, un ordre du roi enjoignant à tous les évêques de rentrer dans leurs diocèses et d'y faire leurs tournées pastorales, lui avait été transmis avec des lettres du gouverneur du Dauphiné, relatives au même objet : par suite d'empiètements successifs, le pouvoir royal s'était alors immiscé dans une foule de questions, qui de leur nature semblaient ne devoir jamais relever que de l'autorité ecclésiastique. Cet état de choses, outre qu'il devenait une source intarissable de difficultés pour les évêques et le clergé, contribuait encore, en les réduisant à un rôle secondaire, en amoindrissant leur dignité, à leur enlever aux yeux des peuples ce prestige, ce respect profond dont ils ont besoin d'être entourés dans l'accomplissement de leur auguste mission. Nous n'avons point sous la main l'ordonnance royale dont nous parlons ici, mais quelques lignes détachées d'un

---

[1]. Le cardinal de Tournon était allé à Rome pour prendre part aux délibérations du Conclave destiné à donner un successeur à Paul III. Il obtint lui-même quelques voix, mais le cardinal Del Monte finit par être élu le 8 février 1550. François de Tournon demeura ensuite à Rome. Catherine de Médicis le rappela à la cour de France, au commencement du règne de Charles IX.

*arrêt du parlement de Grenoble, du 2 aoûst 1583, et se rapportant
au sujet qui nous intéresse, donneront à nos lecteurs le moyen
d'apprécier ces sortes de documents.*

Arrest de la cour de Parlement de Dauphiné enjoignant aux
prélats de faire visites.

Sur la requeste présenté à la cour par le Procureur général
du Roy, tendant aux fins que les archevesques et évesques de
ce ressort soient exhortés de faire visitations générales des esglises de leurs diocèses et pourvoir sur le contenu de ladicte
requeste, la cour, les deux chambres assemblées, veue la sus-
dicte requeste du moys de novembre mil cinq cent huictante un
et icelle enterinant avec les desclarations et ampliations que
s'ensuyvent, exhorte les archevesques et évesques de ce ressort
ou desquels le diocèse s'estend dans ledict ressort de faire visitation generale des esglises de leur diocèse, et icelle com-
mencer dans le moys après la publication du présent arrest à
peine de reduction de leur temporel, laquelle dés à présent est
enjoinct aud. procureur général et à ses substituts de faire ex-
écuter, ledict moien porté contre ceux qui n'auroient commencé
lesdites visitations ou icelle achevée et parfaite dans la Tous-
saint prochaine... Fait à Grenoble en Parlement, le deuxienne
jour d'aoust mil cinq cent quatre vingt troys [1].

*Jacques de Tournon, ayant fait annoncer aux habitants de Die
sa prochaine arrivée, le conseil de la ville se réunit pour délibérer
sur les préparatifs qu'il convenait de faire pour recevoir digne-
ment le prélat. Le résultat de cette délibération est ainsi consigné
dans les registres consulaires :* A esté arresté que M. les consulz
« et conseilliers aillent faire la reverence à Monseigneur de Dye
« incontinent qu'il sera venu, et qu'on luy donne touz les repas
« une demy dozaine de semaizes de quelque bon vin [2]. *C'était
en effet un usage général à cette époque d'offrir quelques présents*

---

1. *Archives départ. de la Drôme*, Livre blanc de l'évêché de Die ms., f° 175.
2. *Archives municipales de Die.* — La semaize était une mesure pour les liquides; elle équivalait à ce que l'on appelait dans d'autres localités de la province, notamment à Romans, le pot et avait une capacité de 1 litre 318 mill.

aux personnages marquants qui arrivaient dans une cité : ces présents consistaient d'ordinaire en quelque objet d'or ou d'argent, en torches de cire, en confitures, en vin [1].

*Nous n'ajouterons plus ici qu'un détail qui nous semble devoir compléter le tableau d'une tournée pastorale au XVI*e *siècle. Avant d'entreprendre sa visite dans les diverses paroisses du diocèse de Die, Jacques de Tournon voulut que les curés et les vicaires fussent avertis officiellement, afin de pouvoir préparer les fidèles à la réception du sacrement de confirmation. Pour leur faire connaître ses intentions à cet égard, il profita d'une réunion synodale, qui se tenait chaque année à Die, le mardi de la troisième semaine après Pâques. Nous ne croyons mieux faire que de reproduire ici le procès-verbal de cette assemblée qui se tint dans l'église cathédrale de Die le 14 avril 1551, sous la présidence de Jean Girard, vicaire général de l'évêque* [2]. *Cette pièce, que nous avons heureusement retrouvée, renferme quelques détails utiles à recueillir pour l'histoire de la discipline ecclésiastique dans nos anciens diocèses.*

Martis, decima quarta mensis aprilis anni 1551, infra navim ecclesie cathedralis Beate Marie Dyensis, fuit tenta synodus episcopalis Dyensis, simili die teneri solita. Congregatis in eadem synodo dominis prioribus, curatis et aliis in dicta synodo interesse consuetis presentis Dyensis diocesis, R. D. Johannes Girardi, vicarius generalis in spiritualibus et temporalibus reverendi in Xpisto patris et domini nostri domini Jacobi de Turnone, miseratione divina Dyensis et Valentinensis episcopi ac Subdionis principis, declaravit et notificavit supradictis dominis prioribus, curatis et vicariis in dicta synodo comparentibus, supradictum reverendum dominum Dyensem episcopum suis diebus elapsis, recepisse litteras regias et illustrissimi domini Gubernatoris hujus patrie Delphinalis,

---

1. *Voir sur ce sujet la curieuse brochure de M. le d*r CHEVALIER : Les abbayes laïques et les présents de la ville de Romans sous les consuls ; *Valence, 1881, in-8*°.

2. *Voir sur ce personnage nos* Notes et documents pour servir à l'histoire des doyens de l'église de Die au XVI*e siècle, dans le* Bulletin (1880), *t. I, p. 58-9 ; Montbéliard, 1881, in-8*°, *p. 7-8.*

per quas mandatur dicto r. dño episcopo fieri facere in hujusmodi diocesi Dyensi processiones generales pro pace et religione christiana ; de quibus litteris publicatio et lectura ibidem de verbo ad verbum facta fuit voce intelligibili per me Guidonem Bruni, vicesecretarium episcopalem Dyensem subsignatum. Quibus publicatis, illico fuit facta exortatio et monitio dictis dominis presbyteris per supradictum r. dominum vicarium voce propria sub verbis sequentibus : « Parendo man-
« datis regiis et domini gubernatoris, auctoritate d. episcopi
« vos omnes dominos curatos, vicarios monemus, mandamus
« et prescripsimus in quantum possumus, sub pena excom-
« municationis et alia juris, ut in perrochiis vestris cum omni
« honore, decore et sanctitate processiones faciatis generales
« diebus dominicis et festivis pro dicta pace, religione chris-
« tiana et prosperitate dicti serenissimi regis, monendo et exor-
« tando populum vestrum et gregem vobis commissam ut vi-
« tam et mores eorum in melius emendant, vitia relinquendo
« et bona opera faciendo et certando ut clemens ipse Deus, qui
« misereatur et largiatur fundendo preces, ut fidem christia-
« nam et regem nostrum ac ejus consilium conservare dignetur.
« Pariter ortamur vos dominos curatos et vicarios ut preparetis
« vos in visitatione fienda per dominum episcopum juxta
« mandata regia, et si sint aliqui parrochiani vestri suspecti
« et male de fide christiana sentientes, monemus ut ad nos
« recurratis ad quem talia corrigere pertinet pro debita justi-
« tia ministranda ».

De quibus premissis fuerunt per me vicesecretarium acta et recepta. — Guido BRUNI [1].

Jules CHEVALIER.

Nous, Jacques de Tournon, evesque des evesches de Dye et de Vallence en Daulphiné ensembles unis, scavoir fesons à toux ceulx que les présents actes verront et à qui seront dirigés, que Nous, ayant avec honneur et révérence humblement receu les

[1]. *Archives de M*^{me} *de Lamorte-Félines, à Die.*

letres a nous envoyées par le Roy Daulphin nostre sire, signées Henry, escrites en papier, en forme de missives, données à Blois le dixhuitième jour du moys de febvrier, en l'année mil cinq cents cinquante ung, ensemble autres missives de Monseigneur le Gouverneur de Daulphiné, signées Francoys [1], données à Marchenoyr [2] du vingtsix dudict febvrier, par lesquelles lettres sommes exortés, à nous est enjoinct nous retirer dans nos esglises et diocèses pour illec fère nos visitations generralles et particulière, affin de scavoir et à la verité entèndre des curés et leurs vicaires ce qu'ils sentent et cognoissent de leurs parrochiens, et desdicts parrochiens comme les dicts curés, vicaires et maistres des esglises conduisent et s'acquitent de leurs charges; parelhement de la doctrine du predicateur qu'avons baillé au peuple du dict Dye et qui les a preschés ceste caresme présente ; fère aussy toutes les aultres inquisitions, vérifications et diligences requises et necessaires affin de purger et netoyer nostre dict diocèse des erreurs, scandalles, faultes et reprovées doctrines qui pourront estre semées, contaminants et infectants le tropeau de Jésus Christ [3] ; induire aussy et admonester nos

---

1. *François de Lorraine, duc de Guise, fut nommé gouverneur du Dauphiné par lettres du 6 octobre 1547 ; il conserva cette charge jusqu'en 1561.*
2. *Marchenoir, ch.-lieu de cant. de l'arrond. de Blois (Loir-et-Cher).*
3. *L'hérésie protestante avait depuis longtemps déjà pénétré en Dauphiné : Farel, Coct, Sébiville se mirent à la tête du mouvement. Le 25 avril 1524, le dominicain Maigret prononçait à Grenoble un discours tout empreint d'idées luthériennes.* Sermon presché à Grenoble le jour de St. Marc evangéliste; *Lyon, 1524, in-16. En 1542, un nommé Rostein, dit Garnier, fut brûlé publiquement à Romans, pour avoir jeté dans le ruisseau une image du Christ, qu'il avait arrachée à la porte d'une église. Le nombre des hérétiques augmentant tous les jours, le parlement de Grenoble rendit, le 4 mai 1540, une ordonnance enjoignant* « à tous baillis, senechaux, leurs lieutenants et autres juges royaux delphinaux....... d'informer bien diligemment et au vrai ...... à l'encontre de tous les sectateurs et suspects des erreurs, heresies et fausses doctrines qui aujourd'hui pullulent contre la sincerité et verité de nostre saincte et catholique foy et contre la determination de nostre mere saincte Esglise, et fère prendre et saisir au corps et sarrer en prison fermée tous ceulx qui par lesdictes informations se trouveroint chargés dud. crime d'hérésie (Continuation des ordonnances de la cour du Parlement de Daulphiné ; *Lyon, 1550, in-4°, f° lxxj). Dans une nouvelle ordonnance, du*

diocésains a fère processions generalles, accister aux sermons et vaquer à jeusnes, prieres et oraisons pour la paix, union et transquileté publique, et ce pour le deus de nostre charge et acquit de nostre conscience, et aultrement fère et accomplir ce qui par le dict Roy nous est commandé.

Et en revenant de nostre voyage de Roume, auquel avons demouré dès la feste de Toussaincts prochain passée, sommes arrivés au dict Dye le jour de jeudi sainct vingt sixième du moys de mars, en l'an susdict mil cinq cents cinq*ante ung, avec propos et intention de illec perfère ce que par le dict seigneur Roy Daulphin nous est enjoinct.

Et le lendemain, jour du vendredi sainct, avons faict entendre nostre venue au peuple du dict Dye, à les fins que dessus par fraire Filhati 1, religieux de l'ordre Sainct Dominique, a son presche du mistere de la passion de Nostre Seigneur, auquel presche estions assemblés beaucop et grand nombre de gents des villaiges du dict diocèse de Dye ; faict aussy entendre par missives et messagiers envoyés aux villaiges et lieux circonvoisins du dict Dye de admener leurs petits enfants pour venir recepvoir de nous le second et tiers jours de feste de Pasques prochaines le sainct sacrement de confirmation et de premiere tunsure au dict Dye.

Et le dimanche suyvant vingt neuf du dict mars, premier jour de Pasques, avons commencé fere procession à l'entour du cloistre de nostre esglise cathédrale de Dye, peu avant que commence la grand messe, la plupart du peuple du dict Dye à ce devotement présent et assemblé, aussy tout le long de la grand messe solempnelle jusques après fins entierement. Et du mesme jour, a l'apres disner heure de mydi, au son de la cloche et le dict peuple assemblé dans la dicte esglise cathédrale, avons faict prescher le dict fraire Filhati, lequel en nostre présence et par nostre commandement, avons publié

---

24 *décembre 1543, le meme Parlement enjoignait aux évêques de la province de soigneusement et diligemment s'enquérir des hérétiques de leurs diocèses* (Archives départ. de la Drôme, E, *1755*).

1. *Il existe encore à Aouste, près de Crest, une famille Fillat, à laquelle pourrait appartenir le religieux dont il est ici fait mention.*

et donné entendre au dict peuple de Dye la volonté du Roy contenue en ses letres, induisant et admonestant le peuple accister aux processions generalles et sermons, vaquer à jeusnes, prieres et oraisons pour la paix, union et tranquillité publique, affin que Dieu par sa saincte grace octroye a toute la crestienté ce qui est plus necessaire. Et le presche parchevé et vespres sonnées, avons, present le dict peuple, accisté et vacqué tout du long a l'office de vespres, ayant trové le dict peuple de Dye en bonne dévotion ; les presches, messes, vespres et aultres divins services, sans que ayons sceu ne entendu du dict peuple aulcune chose sinistre contre la foy catholique, ne aulcunement entachés d'aulcune hérésie, dont en rendons grace a Dieu.

Et ce lundy, second jour de Pasques suyvant, a cinq heures du matin, avons faict appeler pardevant nous, dans nostre maison episcopalle du dict Dye, les curés de la dicte cité, messieurs les chanoines de nostre chapitre du dict Dye, messieurs de la noblesse, nostres vicaire et official, juge temporel, juge d'appeaux, correyer, procureur d'office et aultres nous officiers, aussy les consuls, conselhiers et aultres plusieurs habitants du dict Dye et plus principaux, es fins separement à la part d'ung chascung d'iceulx estats nous informer suyvant la volonté du Roy et sur le faict et contenu des dites lectres.

Or en premier lieu, après que tous les dicts estats sont estés assemblés dans la grand salle de nostre dicte maison, avons faict venir devant nous dans nostre chambre nous sieurs vicaire, official, juges et aultres officiers, lesquels avons interrogés de leurs procedures sur le faict de la justice et si l'honneur de Dieu et de la foy catholique sont aulcunement contaminés par aulcungs malheureux heretiques, et s'il en y a heu aulcungs personaiges au dict Dye et diocese, pour le passé ne a present, suspects et entachés d'heresie, leur enjoignant nous dire promptement ce qu'ils en ont sceu et faict pour le passé et a present scavent ; aussy ce qu'ils sentent et cognoissent des curés, de leurs vicaires et peuple du diocese, et comment les dicts curés, vicaires et ministres de l'esglise de Dye conduisent et s'aquictent de leurs charges ; pareilhement de la doctrine que a esté preschée du long de la caresme passée par le dict frere Filhati prescheur ; ne si le peuple du dict Dye vacque aux sermons, messes et a l'office divin : lesquels officiers l'ung après l'aultre et tous d'ung mesme accord nous ont rapporté par leurs serments et sur la loyauté de leurs consciences les affaires de la justice estre bien, que le peuple du dict Dye est en tranquillité et union, ne saichant presentement aulcung personnaige au dict Dye et diocese contaminé ne suspect d'heresie, ains le dict peuple du dict Dye est, Dieu graces, si bien inspiré de Dieu et du benoist Sainct Sperit et en doctrine par les prescheurs que par cy devant y ont presché, leurs curés, vicaires, chanoines et habitués de l'esglise du dict Dye, Jacopins et Cordelliers et aultres ministres de l'esglise du dict Dye, qu'il n'y a aultres que gents de bien a present et de bonne reputation. Jacoyt que ces precedentes années deux personaiges du dict Dye, d'infime qualité et condition touteffoys, comme l'ung Jourdan Giton et l'aultre Gaspar André et ung Berbeyer de Crest et ung appelé Bouryt du lieu de Vercheynin, come ayant tenu quelques propos contre la foy catholique et le dict   pour avoir mangé du fromaige ung jour de vendredi sainct sans necessité dans une hostellerie du dict Dye et pendant qu'on disoit le presche du mistere de la passion Nostre Seigneur, soient esté trovés delinquants. Et lesquels pour raison de ce sont par sentence condamnés à fere abjurations publiques et le dict Giton, oultre l'abjuration, à demourer troys ans en prison : lesquelles sentences respectivement contre eulx ont esté exequuté tant à Dye que au dict lieu de Crest, diocese de Dye, comme appert par le teneur des actes et procedures sur cela faicte demourant rieres nostre greffier des appaux au dict Dye, et remises les dictes sentences et condampnations par devers le greffe criminel du parlement de ce païs de Daulphiné suyvant le mandement du Roy. Et aultres n'ont esté chargés ne trovés aulcunement suspects, actaints ne convaincus. Jacoyt que eulx officiers nous ayent remonstré sur ce avoir cité et estre soigneux et veilhants a fere leur debvoir.

Et ce faict, tout incontinent avons faict venir par devant nous dans nostre dicte chambre maistres Pierre Durin et Sebastian

Grosse, curés du dict Dye, avec lesquels nous sommes enquis et interrogés qu'est ce qu'ils sentent et cognoissent de leurs parrochiens ne de la doctrine du predicateur sus dict, ayant presché ceste caresme passée : lesquels curés par serment nous ont rapporté ne sçavoir aulcungs de leurs parrochiens, citoyens de Dye, estre suspects d'aulcune hérésie, ains ont esté et sont bons crestiens, fidelles catholiques et obeyssant à Dieu, ses saincts commandements, et de saincte mère l'Esglise, continuant voluctairement les presches et services divins, accompaignant le sainct sacrement de l'otel qu'on porte jornellement aux malades parmy la ville dès qu'ils ont ouy le son de la cloche pour ce acoustumé, aussi le sacrement de l'extreme onction, enterrement des morts, baptemes des enfants et aultres divins offices, et que frere Filhati qui a presché ceste caresme passée au dict Dye l'ont veu et cogneu estre home catholicq, ayant presché tout du long de la dicte caresme catholiquement et à l'edification du peuple; le service des esglises de Dye, mesme de leur grand esglise Nostre Dame estant jornellement faict honorifiquement, pour l'entretenement duquel service messieurs du chapitre y vellent et sont fort soigneux ; messieurs de la justice fesant fort bien leur debvoir en ce qui les concerne; que le peuple de Dye est en repos et transquille. Et ce ouy, nous avons enjoinct aux dicts curés de bien et soigneusement vacquer et continuer au service de Dieu, de l'esglise, administration des sacrements, instruction et enseignement de leurs parrochiens, et neanmoins leur avons très expressément enjoinct quand ils scauront aulcungs suspects de leurs parrochiens que heussent incontinent a le nous dire ou à nostre vicaire général et official, pour y provoir come le exhigent ou partant le requerroit.

Puys ont esté de par nous appellés honorables homes Loys Second et Jehan Plante, consuls de ceste cité de Dye [1], estant accompaignés de Anthoine Peyrol, maistre Anthoine Charency,

---

1. *Nous les trouvons dès l'année précédente investis de cette dignité : ils y avaient été appelés par les suffrages de leurs concitoyens, le 3 février 1549 (n. s. 1550).*

Raymond Appaix, Thomas Garcin et Jehan Gilbert [1], leurs conseilhiers et plusieurs aultres des citoyens du dict Dye, auxquels avons faict intimation par leurs foy et serment entre nos mains presté qu'ils nous ayent à déclarer ce qu'ils sentent et cognoissent de leurs curés, vicaires, chanoines, habitués de l'esglise de Dye, et ne coment yceulx ministres, ensemble ceulx de la justice, conduisent et s'acquitent de leurs charges pour la manutention de la saincte foy et tranquilité du bien public; parelhement de la doctrine et prédication du prescheur qui ceste caresme passée a presché, ne si y a aulcungs des parrochiens et habitants de Dye suspects et entaichés d'heresie : lesquels semblablement nous ont par leurs sus dicts serments rapporté et desclairé que leurs sus dicts curés, vicaires, chanoynes et habitués de l'esglise de Dye, ensemble messieurs de la justice sont très tous gents de bien, vaccant le chascung en son endroict et s'acquictant de leurs charges respectivement, et le service de Dieu bien et dévotement faict à la dicte esglise cathédrale, et justice bien exercée, tellement que le populaire du dict Dye est si bien instruict et endoctriné que presentement tous vivent en paix, union et tranquillité sans qu'ils scaichent y avoir aulcungs entaichés ne suspect d'heresie, et ceulx qui pour le passé en ont esté trové entaichés, estant en nombre de quatre ou cinq personaiges, ils ont esté pugnis par justice par nous officiers, de sorte que la justice qu'en a esté faicte a esté exemplaire aux aultres. Joinct aussy que le beau père qui a presché ceste caresme au dict Dye a presché catholiquement, a édification du peuple, sans qu'il aye dict ne proposé, qu'ils ayent peu scavoir et entendre, aulcunes propositions suspectes.

Et semblable rapport et desclaration nous ont este faictes par ceulx de la noblesse de Dye, assavoir par noble Anthoine

---

1. *Tous les personnages qui figurent ici appartiennent à d'anciennes familles de Die, dont les noms se retrouvent fréquemment dans les annales de cette ville. Louis Segond est probablement le frère de Catherin Segond, qui exerçait à Die les fonctions de chirurgien en 1554. Jean Plante fut plusieurs fois consul. Anthoine Peyrol devint gouverneur de Die en 1562, alors que la ville était entre les mains des Protestants. Antoine Charenci, notaire, demeura toujours attaché au catholicisme.*

Faure et Jordan Faure, coseigneurs de Vercors [1], Charles Jonyn, seigneur de Pene [2], Bartholomy Perdrix, seigneur du lieu de la Baulme des Arnauds [3], et Gaspar Faure fils au dict Anthoine Faure, a ce pardevant nous appellés et sur ce diligement interrogés.

Et finallement semblable rapport de mesme nous a esté faict par messieurs du chapitre de Dye, assavoir maistre Claude Roy [4], Humbert Fauchet [5], Balthasard de Beauchastel, Aymar Perdrix et Jehan de Beauchastel [6], très tous chanoynes du dict chapitre, a ce par devant nous come dessus appellés, et moyenant leurs serments sur le bon pourtement et transquiquillité du peuple, gents d'esglise, de la noblesse, charges, des curés, leurs vicaires et du beau père qui a presché ceste caresme au dict Dye et de nos officiers de la justice.

Et lesquelles inquisitions particulierement ainsi faictes avons tous les sus nommés en commung et general presents et les absents en leurs personnes induicts et admonestés vivre ensemble en bonne paix, union fraternelle, amour et tranquillité les ungs avec les autres, en aymant Dieu, vivant sellon les saincts et divins commandements et constitutions de saincte

---

1. *Voir sur cette famille notre brochure* : Passage de la compagnie des Ecossais dans le Diois en 1496, *p. 13 (Bulletin, 1882, t. II, p. 131).*

2. *Charles de Jony, seigneur de Pennes, était fils de François de Jony et frère de Suzanne de Jony, mariée à François de Manteau.*

3. *Barthélemy Perdrix appartenait à une des plus anciennes familles de Die. Le 23 janvier 1238, l'évêque Humbert IV terminait par un arrangement les difficultés qu'il avait avec les frères Rostaing et Giraud Perdrix, au sujet de certaines dîmes que réclamait l'église de Die sur des terres situées à Chamaloc. La famille Perdrix paraît avoir été anoblie par le dauphin Louis (depuis Louis XI); ce prince accorda à Pierre Perdrix de Die la parerie de la Baume-des-Arnauds, en payement d'une somme de 400 écus qu'il lui avait empruntée.*

4. *Antoine Roy, marchand drapier, son fils Louis et Jacques Roy, doyen du chapitre de Die, vivaient en 1506.*

5. *Humbert Fauchet, chanoine, fut chargé, en 1557, par l'évêque Jean de Monluc de présider à l'ouverture du tombeau de s^t Etienne, qui était dans la cathédrale.*

6. *Voir sur la famille de Beauchastel nos* Notes et documents pour servir à l'histoire des doyens de Die, *p. 8-9 (Bulletin, t. I, p. 59-60).*

mère l'Esglise, avec veneration des saincts et sainctes de Paradis, vaccants a fere processions generalles et accistant aux sermons et divins offices, a jeusnes, prieres et oraisons pour la prosperité et sancté du Roy nostre Sire, la paix, union et tranquillité publiques, affin que Dieu par sa saincte grace nous veulhent a nous tous en ce présent monde octroyer ce que nous est plus necessaire et finallement son royaume eternel de Paradis.

Et incontinent tout ce que dessus faict, et le son des cloches de la grande esglise sonant la procession generalle parchevé, sommes allés avec tous les sus nommés et aultre peuple de Dye a la procession generalle que ce mesme jour a esté faicte par nostre commandement tout a l'entour de la cité de Dye, a laquelle accistent messieurs les chanoynes et habitués de la grand eglise du dict Dye, Jacopins, Cordelliers et religieux du prioré Sainct Marcel, ordre Sainct Benoist et aultres acoutumés y assister.

Et ycelle procession finyt par le dict populaire, sommes allés ouyr le presche qu'a esté dict par frere Filhati dans l'esglise du dict couvent des Jacobins du dict Dye [1], et par lequel prescheur, a la fin de son presche et suyvant le mandement du Roy, de rechief le popullaire a esté induict et admonesté come dessus vivre en paix, union et transquillité, augmentation de foy, postposant toute heresie et faulces propositions, vacquer a jeusnes, prieres, sermons, processions, divin service et aultres œuvres meritoires. Et le presche perachevé, avons faict appeller pardevant nous maistre Estienne Gay, docteur en theologie, prieur du dict couvent jacopin de Dye [2], et les aultres religieux ; avons interdict et défendu suyvant la vollonté du Roy, laquelle leur a esté par nous desclaré, de ne laisser prescher

---

1. *Les Dominicains s'établirent à Die vers l'année 1271.*

2. *La famille Gay, originaire de la Franche-Comté, était venue s'établir à Die en 1498 ; elle fut une des premières à embrasser le protestantisme. Voici une note que nous empruntons à des mémoires que nous publierons prochainement :* Estienne Gay, cinquiesme fils de Katharin, fut de sa profession de l'ordre des Jacoupins de Dye. Il fut fort savant homme, docteur en theologie et prescha la croyzade par pays, mesme à Lyon et Avignon, et en

doresenandvant dans leur couvent et religion nul prescheur sans au prealable avoir nouvelle permission, faculté et auctorité de ce fere de nous ou de nous vicaires ou aultres ayant de nous puissance : a laquelle exibition les dicts prieurs et religieux ont acquiescé et desclaré voloyr obeyr.

Et ce faict somes retournés en la grand esglise du dict Dye acompaigné du dict peuple, qui a ouy la grand messe, avec reception a la fin de ceste messe de la benediction de Dieu et de nous.

Et au sortir de ceste esglise cathedrale, somes allés visiter l'esglise parrochielle des petits enfants, appellé Sainct Jehan, estant hors et a cousté de la dicte esglise cathedrale, qu'est closturé, ou sont seulement baptisés et ensepvelis les petits enfants, de laquelle est curé et recteur maistre Jehan Chat [1], prestre de la dicte esglise ; et avons trové les fonts baptismales colloqués en lieu bau et competant, a un coing de l'entré de la dicte esglise du cousté senestre, bien et honorablement entretenues tant dedans que dehors avec corlines au dessus, et les quatre autels de ceste esglise comptament couverts de draps necessaires, deux petites cloches en ycelle esglise, le presbitère voulté et bien deppainct du mistere de la decollation sainct Jehan et le demourant de la dicte esglise competament entretenu cellon le bien petit revenu d'ycelle.

Et a l'apres disner du mesme jour, l'heure de mydi sonné, estant venu au dict Dye grand nombre des villaiges circonvoysins, mesme des petits enfants et filles, ès fins les ungs d'estre confirmés et les aultres faicts clercs benis, au son de la grosse cloche sommes allés à nostre esglise cathedrale du dict Dye, dans laquelle avons faict du sainct sacrement de confirmation et de première tunsure a tous ceulx qu'en ont heu besoing et que

beaucop d'aultres lieux ou il avoit presché le caresme. Il fist bastir un beau cors de logis à ses despans dans ledict couvent. Il fist fere aussy les muralhes qui environoint tous les edifices, terres, vignes et jardins dedicts Jacoupins à ses despans. Il se mesloit de fere l'alquemye, car il estoit fort subtyl. Il fut home grand et de tres belle corpelance et bien moriginé. Il morut en l'année 1553, eagé d'environ cent ans.

1. *Claude Chat et Jacques de Fays étaient syndics de Die en 1506 ; Gaspard Chat, curé de Die en 1505. Cette famille existait à Die dès le XIIIe siècle.*

a nous pour ce sont venus. Et avons continué le dict ministère des extrangiers tant seulement l'espace de troys heures ou environ, remectant ceulx de la cité de Dye au lendemain, pour le sollagement des dicts estrangiers. Et la confirmation faicte et advenue l'heure pour aller dire vespres, sommes accistés au dict office de vespres tout du long, y accistant beaucoup de peuple du dict Dye : lesquelles perachavées en avec la benediction de Dieu que avons donné au peuple, chescung ce jour s'est retiré ; et ont a tout ce que dessus esté presents et avec nous tout le dict jour accistants maistre Anthoyne de Praconta, doyen de l'esglise Saincte Croix du Montelheymard [1], et maistre Anthoyne Manuel, juge de la cité de Valence, et plusieurs aultres.

Le mardy suyvant, tiers jour de la dicte feste de Pasques, dernier du dict moys de mars, heure cinq matin, nous sommes transportés dans le prioré Sainct Pierre hors les murailhes du dict Dye, ordre de Sainct Ruf [2], accompaigné de nous vicaire et official, et juge temporel et plusieurs aultres tant gentils-hommes que aultres, es fins de illec fere visitation et choses necessaires et que pourront estre mal ordonnées au dict prioré, dans lequel prioré avons trové maistre Estienne Malleval, prestre, et Pierre Roulx, arrendataire du dict prioré, lesquels ayant par nous sur ce esté interrogés, moyennant leurs serments nous ont dict et rapporté coment le dict prioré appartient a maistre Aymar de Blou, prieur d'icelluy prioré, lequel faict sa demourance dans ung sien aultre prioré, au lieu de Montelheys en Valentinoys, estant deppendant de l'ordre et de l'abbaye de Sainct Ruf, dans lequel de toute ancienceté il n'y a heu qu'ung religieux qu'est le sacristain et un prestre seculier, sans aultres religieux ne aultres; lequel sacristain est nommé

---

1. *Antoine de Pracomtal appartenait à une famille de Montélimar, dont le premier auteur connu, Foulques de P., prit part en 1191 à la troisième croisade. La généalogie de cette famille a été donnée par d'*Hozier, *Armorial, 3e registre. Cf. de* Coston, *Hist. de Montélimar, t. I, p. 169 et suiv.*

2. *Il est fait mention pour la première fois, à notre connaissance, de ce prieuré, dans une bulle du pape Urbain II, donnée à St-Paul-trois-Châteaux, le 19 septembre 1095.*

maistre Anthoyne Volle, estant a present religieux dans le monastère Sainct Felix de Vallence, et pour lequel sacristain sert au dict prioré *Deo et in divinis* maistre Loys Borel, prestre de Dye, et le dict Malleval pour le presbtre accoustumé. Estant icelluy prioré exempt de nostre visite par privilege de la dicte abbaye de Sainct Ruf, la visitation du quel est accoustumée estre faicte par le vicaire de la dicte abbaye de Sainct Ruf, n'estant le dict prioré de aulcune fondation et seulement du revenu deux cent livres et chargé de grandes charges ; les terriers et recognoissances duquel sont en pauvre ordre, pour n'avoir esté accomplis ne parachavés par le default de notaires en leurs vivants et depuys decedés avant que parachavés, ne signer les dictes recognoiscences et les mectre en forme deue. Et dans lequel prioré l'on celebre tous les jours une messe basse, et les dimanches et festes solempnelles messes en hault et vespres, ainsi que plus amplement sur ce que dessus nous sommes enquis et nous ont le semblable certiffié et rapporté noble Gaspar de Beauchastel, Jordan Gaets par Faure de Vercors, Francoys Gironde, maistre Gabriel de Sauvigne, notaire procureur patrimonial, et Thomas Corsange, Claude Dorond et Anthoyne Marce, tres tous habitants de Dye a ce presents et avec nous estants. En la presence desquels avons visité l'esglise et aultres lieux, endroicts et ediffices du dict prioré, et le tout trové complètement orné, basti et mainctenu cellon le grand circuict et contenance du dict prioré et petit revenu de deux cents livres seulement.

Et de la avecques tous les sus nommés sommes allés dans le couvent Sainct Francoys du dict Dye [1], en avons ouy fere partie de l'office et suyvi les lieux et endroicts de l'esglise et tout le dict couvent, lequel avons trové complètement decoré, les ediffices et bastiments bien construicts, le service divin hones-

---

1. *Les Cordeliers étaient établis à Die dès l'année 1278. Leur couvent était primitivement situé hors des murs de la ville, près de la porte St-Vincent. Pierre de Lune (Benoît XIII) les autorisa à venir se fixer dans l'intérieur de la cité; mais, comme les chanoines faisaient quelques difficultés à les y recevoir, ils sollicitèrent et obtinrent du pape Martin V une bulle qui enjoignait aux opposants de les laisser poursuivre leur projet.*

tement faict et entretenu et les religieux en nombre competant
come les susnomés citoyens nous ont aussy veritablement rapporté. Et lesquels religieux avons faicts venir pardevant nous
et leur avons prohibé et deffendu en la personne de frere Johan
Fuche, pere vicaire du dict couvent, le pere gardien estant detenu en malladie, et en la presence des aultres religieux du
sus dict couvent illec estant de ne laisser doresenadvant prescher aulcungs prescheurs de quelle qualité que soit sans licence,
permission et expresse auctorité nostre ou bien de nous vicaires
et aultres ayants de nous pouvoyr, affin fere cesser tous abus
que jornellement surviennent et pullulent pour les faulces
doctrines des faulx prescheurs, a laquelle inhibition ils ont
adquiescé.

Ce faict, pour ce que l'heure de la procession generalle par
nous ordonné estoit advenue, sommes allés dans nostre dicte
esglise cathedrale, et au son des cloches a la maniere du dict
Dye acoustumée, assemblés Messieurs les chanoynes et habitués de la dicte esglise, Jacobins et Cordelliers, religieux du
prioré de Sainct Marcel et aultres acoutumés a ce assemblés, et
la plupart du peuple de Dye a ce accistant, a esté faicte procession generale parmy et alentour de la cité de Dye, et ycelle procession perachevé a esté dict un presche dans ycelle esglise par
le dict frere Filhati, exortatif du dict peuple de bien et catholiquement vivre en paix. Et le presche finy, avons et la plupart
du dict peuple accisté a la grand messe solempnelle jusques à
la perfin, et ycelle messe dicte avec la benediction de Dieu que
avons donné au peuple, tres tous nous sommes retirés sans plus
proceder pour la presente matiné.

Et a l'apres disné du mesme jour, nous estants dans le prioré
de Sainct Marcel lès Dye [1], ordre de Sainct Benoys, avons veu
et visité en premier lieu l'esglise, chappelles et aultels d'ycelle,
ensemble tout l'edifice du dict monastere et appellé devant
nous dom George Perié, religieux du dict monastere et vicaire

---

1. *Le prieuré de St-Marcel était à l'orient de la ville, à une faible distance
de la porte de ce nom. Il existe encore des restes de l'ancienne église. Voir
notre* Essai historique sur la ville de Die, *t. I, p. 208.*

du priour d'icelluy prioré, lequel sur ce et de ce interrogé et come vicaire sus dict nous a rapporté et certiffié le dict prioré estre de l'ordre de Sainct Benoys, deppendant de l'abbaye de Cluny, exempt de nostre visite par privillege d'icelle abbaye de Cluny, et que le dict prioré de Sainct Marcel est acoustumé estre visité par le vicaire du dict Cluny, tellement qu'il n'y a que deux ans passés que le dict prioré par ung des vicaires du dict Cluny fut visité ; y ayant ordinairement et de fondation douze religieux, comprins le priour et deux novices. Dans lequel monastere jornellement on dict a haulte voix tous les jours ordinairement matines, laudes, prime, tierce, sexte, nonne, vespres, complies et aultres heures canoniccales, cellon les regles et constitutions de leur ordre, et deux messes en hault tous les jours, a scavoir la messe matiniere et la grand messe le plus honestement et solempnellement qu'ils peuvent et scavent, estant le dict monastere en revenu de VIII cent livres en biens, charges, pensions, et les terriers ont besoing d'estre renovellés. Et a ce que avons clairement veu, l'esglise et ediffice du dict monastere a esté par cy devant et jusques a present bien et commodement ediffié, et les ediffices maintenant n'ayant aultrement necessité pour le present de reparations.

L'heure de mydi advenue et au son de la cloche, pour continuer les sacrements de confirmation et premiere tunsure, sommes allés a nostre esglise cathedrale de Dye et illec avons faict de rechef et pour la seconde foys a nos diocesains du sainct sacrement de confirmation et de premiere tunsure jusques a l'heure de vespres sonnants ; et esquelles vespres dans la dicte esglise avons accisté, y ayant grand nombre du peuple tant de la cité que villaigeois, lesquelles dictes et perachavés, et ayant donné la benediction de Dieu au peuple illec estant, nous sommes le chascung retirés.

Le lendemain mercredi, premier jour du moys d'apvril, de bon matin, acompaignés de nous vicaires, official, secretaire, maistre Anthoyne de Praconta, doyen du Monteilheymard, Charles Jonyn, seigneur de Pene, et plusieurs aultres, sommes allés a l'abaye et monastere de Nostre Dame de Valcrescent [1],

1. *Les religieux Cisterciens prirent possession du monastère de Valcroissant*

ordre de Cistaux, distant du dict Dye une lieu. Et illec arrivés, avons trové les religieux d'icelle abbaye disant leur grand messe en hault, et icelle messe dicte avons appellé devant nous, en l'absence de maistre Jehan de Montorsier [1], abbé d'icelle abbaye estant au pays de Gappencoys en Daulphiné detenu en maladie, frere Jehan Perrinet, prieur, frere Jehan Empeyta, frere Domenge Empeyta et frere Pierre Archinard, religieux et iceulx presbtres, et frere Jehan Bois, novice de la dicte abbaye. Lesquels sur ce par nous interrogés nous ont dict et par serment rapporté estre la dicte abbaye de l'ordre de Cistaux et exempte de nostre visite par privillege donné à leur ordre de Cistaux. Le service divin delaquelle abbaye ils font et celebrent bien et deument cellon qu'il leur est possible, disant et celebrant ordinairement a haulte voix et jornellement les heures canonicales et une grand messe, et aultres messes basses a heures déterminées ; vivant en paix et fraternité avec leur abbé ; estant icelle abbaye de mediocre revenu, come ayant deux priorés Bonlieu et la Chauldière, annexes et deppendants de la dicte abbaye : et lequel revenu est grandement dimynué, puys trente ou quarante ans en çà que le dict messire Jehan de Montorsier a esté abbé, et jornellement se dimynue pour faulte de renoveller les terriers, laissant perdre les rentes et les revenus, et maulvays gouvernement du bien d'icelle abbaye, de tant que si a l'advenir n'y est donné aultre ordre le dict monastere s'en va en grand pauvreté, n'ayant iceulx religieux a present pour leur vestiary et entretainement, oultre manger et boyre, sur le dict abbé que six florins le chascung d'iceulx religieux toutes les années ; et ne prennent iceulx religieux aulcunes pensions ne aultre revenu, fors que iceulx six florins de vestiary et cinq florins de pension annuelle pour une messe fondée au dict monastère par le dict frere Perrinet prieur, qu'ils disent tous les jours de jeudi d'une chascune semaine *de Sancto Spiritu*. Tellement que iceulx religieux estant ainsi pauvres pour le maulvays

le 11 novembre 1188. Ce monastère était situé dans une étroite et profonde vallée que dominent au nord et à l'est les cimes grandioses du mont Glandasse (Leop. JANAUSCHEK, Originum Cisterciensium t. I, p. 188).

1. Il appartenait à une ancienne famille du Gapençais.

gouvernement sus dict et advenant malladies n'ont de quoy pouvoyr servir et sollager, et le tout procède par faulte de bon gouvert et bonne conduicte du bien et domaine de la dicte abbaye ; car le tout bien regi et gouverné, le bien et revenu d'icelle abbaye et membres deppendants est soffizant pour le entretenement de douze religieux, et si fournir encor au dict abbé pour son entretenement plus de bien qu'il ne perçoit a present. Et la faulte aussy a procedé et procède pour ce que le dict monastere ne fut onques visité de memoyres d'home par les feux abbés de Bonavaulx, leurs superieurs, n'ayant tenu compte fere aulcune visite : jacoyt que de la part des dicts religieux yceulx abbés de Bonavaulx en soient esté par plusieurs foys advertis du maulvays gouvernement et deterioration du dict Valcrescent, tant par aulcungs des dicts religieux que par missives. Disant davantaige que quand le dict messire de Montorsier fust creé abbé du dict Valcrescent, dans icelle abbaye estions dix religieux prestres chantants messes et deux novices, oultre le dict abbé, et a present, come dict est, n'y a que cinq prestres et ung novice. Et n'ont yceulx religieux dans le dict monastere aulcungs documents de fondation et nombre determiné des religieux. Et lesquels religieux nous ont humblement requis et suppliés, tant que aurions sur ce pouvoyr et auctorité, y remedier et procurer que a ce pour l'advenir y soyt donné remede.

Continuation de ce que dessus faicte dans la ville de Crest [1].

[1]. *Nous donnerons ici un extrait d'une sorte de registre des visites pastorales faites par Gaspard de Tournon, évêque de Valence et de Die en 1509 : c'est le procès-verbal de la visite que ce prélat fit à Crest. Les nombreux détails que renferme ce document offrent à divers point de vue un véritable intérêt.*

Visitatio inchoata fuit per dominum Gaspardum, episcopum Dyensem et Valentinensem, anno Domini M° quingentesimo nono et die martis xi. mensis septembris.
Et primo in ecclesia parrochiali et collegiata Sancti Salvatoris Criste Arnaudi, die xii°. Primo visitatum fuit Corpus Christi et dicit dominus esse sufficienter repositum et in eo est administratio ad sufficientiam, sed

coopertura in melius est reficienda de serico infra mensem, sed ponatur corporale desuper in rotunditate eucharistie.

Visitavit etiam Corpus Christi existens prope magnum altare. Reparetur vas argenteum ubi reponitur Corpus Christi ad latus altaris, quod portatur infirmis ; reparetur infra mensem.

Etiam reparetur parvum vas eboreum ubi tenetur asservatum sacramentum pro infirmis. Etiam reparentur vitrie existentes super altare et chorum.

Super fontes batismales fiat coopertorium ligneum immediate super aquas et hoc citius quam poterit et ante tres menses.

Psalterium reparetur et in littera et in copertura, et etiam claudatur infra tres menses.

Calix deauratus magni altaris reparetur infra tres menses. Patena cujusdam calicis argentei non deaurati demolita reparetur infra sex menses.

In capella Sancte Anne ad latus chori in parte sinistra reparentur vitrie infra tres menses, et solum ipsius capelle planum fiat.

In capella Beati Blasii aplanetur crota existens super altare et etiam solum, et fiant vitree.

Dominus Anthonius Chapusii, prior hospitalis Sancti Johannis prope et extra muros Criste per dominos Johannem Renardi, sacre pagine professorem, et Christoforum de Salhiente, vicearium r. domini episcopi et comitis, commissarios ad opus prefatum per ipsum r. dominum episcopum et comitem deputatos, allegavit se esse exemptum a visitatione et procuratione visitationis, et ipsi domini commissarii assignaverunt ad fidem faciendam de exemptione per ipsum allegata hinc ad festum Nativitatis Domini proxime futurum in civitate Valentinensi. Deinde exhibuit eisdem dominis commissariis aliquot instrumentum signatum per magistrum Anthonium Magnani, quondam notarium Dyensem, de quo promisit dare copiam in decreti forma tabellionatam, quam ipse sequenti die dedit, que est penes me.

Fuit pariter ordinatum quod solum ecclesie tam in tumulis quam alibi reparetur et aplanetur.

Plus fuit ordinatum quod tectum ecclesie in locis necessariis reparetur et remenetur, ita quod pluvia non inferat damnum.

Item fuit ordinatum quod in quolibet altari ad minus sint semper due mappe.

Fuit etiam ordinatum quod cimeterium existens a parte platee claudetur muro decenti, quia in eodem cimiterio defectu muri fiunt plura nepharia .... et hoc inde ad....... proxime futuram.

Et fuit preceptum Claudio.... et Johanni.... consulibus, Jacobo Boconi, Bonthosio Arnauldi, Jacobo Stephani et Ludovico Chapaysii, consiliariis dicte ville.

Fuit visitata per r. dom. episcopum et comitem ecclesia Nostre Domine de Consolatione ipsius ville Criste, et omnia bene fuere comperta et non indigentia reparatione.

(Archives départ. de la Drôme, fonds de Die).

A ce que dessus continuant nous sommes transportés le vendredi tiers dudict apvril dans la ville de Crest Arnaud, diocèse susdict de Dye, accompaignés de nos vicaire, procureur d'office dudict Dye et correyer de Vallence, et plusieurs aultres notables personnaiges. Et illec arrivés, le lendemain samedi quatrieme dudict apvril, heure du matin, avons faict appeller devant nous dans la maison et logis de Jacques Chappays, bourgeoys de la dicte ville ou estions logés, premièrement les chanoynes, curés et leurs vicaires de l'esglise collegiale du dict Crest, et la pluspart des presbtres et habitués de ladicte esglise collegiale de Sainct Sauveur de Crest [1], messieurs de la justice dudict Crest et aussi les consuls, conseilhers et aultres plusieurs des plus notables personnaiges et habitants dudict Crest, ès fins separement et à la part d'ung chascung d'iceulx estats nous informer sur le faict et contenu ès lettres royaulx. Et après que tous les susdits estats ont aussy esté assemblés dans la plus haute salle d'icelle maison, avons en premier lieu faict venir devant nous maistre Guy Barnaud [2], docteur ès droicts, comme plus ancien advocat dudict Crest et lieutenant du vice senechal du dict Crest, en l'absence touteffois de maistre Raymond Cocques [3], vice senechal à present absent dudict Crest ; aussy maistre Pierre Laget, advocat et procureur pour le Roy en ladicte senechaulcée : lesquels avons interrogés de leurs procedures sur le faict de la justice et de l'honneur de Dieu et de la foy catholique, sont aulcunement contaminés audict Crest par aulcuns

1. *L'église de Saint-Sauveur de Crest fut érigée en collégiale par Amédée de Roussillon, en 1277* (COLUMBI, Opuscula, p. 303). *Louis de Poitiers rétablit le chapitre de cette église, le 26 août 1467* (Livre blanc de l'évêché de Die, f° 80 v°).

2. *Il est peut-être le père Nicolas Barnaud, de Crest, médecin alchimiste, auteur de violents pamphlets* (ROCHAS, Biogr. du Dauph., t. I, p. 69).

3. *Dans les registres des délibérations consulaires de Die, sous la date du 13 septembre 1563, nous trouvons les lignes suivantes au sujet d'un certain Coques, qui pourrait être le fils de Raymond :* Plus ont parlé d'aider pour six mois à M' Coques, qu'estudie à Geneve, pour après servir de ministre à la ville. Arresto d'ayder audict maistre Coques pour six mois aux fins de l'avoir en après pour ministre et comis audict Gayte de luy en escrire pour le retenir pour la ville.

malheureux hérétiques, et s'il y a eu aulcungs personnaiges au dict Crest et lieux circumvoysins pour le passé ne à present suspects et entaiché d'hérésie et faulses doctrines, leur enjoignant le nous dire et promptement ce qu'ils en ont sceu et faict pour le passé et à présent scavent ; aussy ce qu'ils sentent et cognoissent de leurs curés, vicaire et peuple du dict Crest et lieux circomvoysins et estant de leur ressort et juridiction, et comment lesdicts curé, vicaire et ministres de ladicte esglise de Crest s'acquittent de leur charge : pareilhement de la doctrine qua a esté presché le long de la caresme passée audict Crest par leur prescheur, ne si le peuple dudict Crest vacque aux sermons et offices divins. Lesquels officiers l'ung après l'autre et tous d'ung comung accord nous ont rapporté sur la loyaulté de leurs consciences les affaires de la justice estre bien révisées, tellement que le peuple dudict Crest et son ressort est en tranquillité et union, n'y sachant à present aulcung personnaige entaiché ne suspect d'hérésie, ains le peuple est si bien inspiré de Dieu et son benoist Sainct Sperit et en doctrine par les prescheurs que par cy devant y ont presché, leurs curé, vicaires, chanoynes et habitués de ladicte esglise Sainct Saulveur et Cordelhiers dudict Crest, de sorte qu'il n'y a aultre que gens de biens à present et de bonne reputation. Jacoyt que ces precedentes années ung appellé Berbeyer dudict Crest merchant, comme ayant tenu quelque propos contre la foy soye en ce estre trové delinquant, lequel en a esté par aulcung temps prins et detenu dans les prisons dudict Crest par auctorité dudict viceseneschal, puys renvoyé à messire vicaire et official dudict Dye el par luy sentencié, et ycelle sentence exequutée cellon sa forme et teneur. Et nuls aultres ont esté trovés aulcunement suspects, actaincts ne convaincus. Et ce faict tout incontinent avons faict venir devant nous en la mesme chambre maistre Anthoine Chappoton presbtre et vicaire de ladicte esglise parrochiale de Crest soubz les prevost et chanoynes dudict college de Crest, curés de ladicte cure, lequel avons trové competemment literé et scavant pour s'acquitter de la charge et administration de ladicte cure. Et l'avons interrogé qu'est ce qu'il sent et cognoist des parrochiens dudict Crest et de la doctrine du prédicateur que a presché ceste caresme passée au peuple dudict Crest. Lequel M⁰ Chappoton, vicaire, par serment nous a dict et rapporté ne scavoir aulcungs de ses parrochiens habitants dudict Crest estre suspects d'aulcune heresie, ains les croyre estre tous crestiens et fidelles, et que le service de l'esglise dudict Crest est jornellement faict honorablement et aveq devotion ; pour entretenement duquel service messieurs dudict chapitre de Crest y sont soigneux, messieurs de la justice faisant bien leur debvoir en ce qui les concerne. Nous a remonstré touteffoys avoir esté scandalisé, ensemble aulcungs des chanoynes et habitués de ladicte esglise, en aulcungs des presches qui ont esté faicts par le beau père, le nom duquel ne scait, qui a presché ceste caresme passée audict Crest, parlant du baptesme et du sacrement de l'hostel en maulvaise partie, en ce mesme que ledict beau père dict qu'il ne scavait d'où est venu le mot *enim*, car le presbtre en consacrant et disant seulement *Hoc est corpus meum* et delaissant *enim*, le sacrement n'en seroit poinct moindre, et que parlant dudict baptesme qu'il consistoit seulement soubz ces parolles : *Ite et baptisate in nomine Patris et Filii et Spiritus Sancti, Amen*, et toute la reste n'est que fatras. Et le lendemain qu'il heut dict ces paroles ledict beau père, volant réparer son dire sur le faict dudict baptesme et ayant dict l'escrascher qu'on a coustume de faire disant ces paroles : *Effeta quod est aperire*, n'estre de necessité et de nul effaict audict baptesme, et d'escracher escrache ou faict ce que tu voldras ! et de quoy le peuple fust haultement scandalisé, come plus amplement a dict M⁰ Chappoton sur ce par nous et nostre vicaire examiné par secrete information ; et a part ensemble aultres temoings ont temoinié. Et ce faict, avons enjoinct audict Chappoton de bien et soigneusement vacquer et continuer au service de Dieu, de l'esglise, de l'administration des sacrements, instruction et enseignement de ses parrochiens.

Semblablement ont esté de par nous appellés et comparants honorables hommes Guilhaume Colcay et Pierre Jordin, consuls de la dicte ville de Crest, estant acompaigné de Nycolas Fayolle, Jehan de Granges, Loys Flandin, Adam Arnoulx, Christofle

Varnier et Charles Farnoulx, leurs conselhiers, M⁰ Francoys de Ville Neufve medecin, Pierre Agenon, Mondon Richard; Francoys de la Baulme, Jehan Viond et Ennemond Richard, habitants du dict Crest. Esquels avons faict injonction par leurs foys et serments entre nos mains prestées, qu'ils nous ayent à declairer ce qu'ils sentent et cognoissent de leurs curé, vicaires, chanoynes, habitués de la dicte esglise du Crest, religieux et aultres ministres des dictes esglises, ensemble tous ceux de la justice se conduisent et s'acquittent de leurs charges pour la manutention de la saincte foy ; parelhement de la doctrine et predication du prescheur qui ceste caresme passée a presché, no s'il y a aulcungs des parrochiens et habitants du dict Crest suspects et entaichés d'heresie. Lesquels semblablement nous ont par leurs dicts serments rapporté et déclairé que leurs dicts curé, vicaires, chanoynes et habitués de la dicte esglise, ensemble les religieux de S¹ Francoys et aultres ministres des esglises du dict Crest et messieurs de la justice sont très tous gens de bien, vacquant le chascungs d'eux en son endroict et s'acquictant de leurs charges respectivement, et le service de Dieu bien et devotement faict aux esglises, et justice bien exercée; tellement que le populaire du dict Crest est si bien instruict et endoctriné que tous vivent en paix, union et tranquillité, sans qu'ils scaichent y avoir aulcungs entaiché ne suspect d'heresie ; et ceulx qui pour le passé ont esté trovés entaichés ont esté pugnis, et n'ont aulcunement sceu ne entendu que le beau père qui a presché au dict Crest ceste caresme passée aye presché aultrement que catholiquement a edifficationdu peuple. Et semblable rapport nous ont faict maistre Francoys de Granges, clerc et juge de la propositure dudict Crest, M⁰⁰ Pierre Chappays chantre, Pierre Reboul, Jehan de Launel; Laurent et Francoys Boizier, chanoines, Anthoine Spin, Anthoine Adam, Estienne Jenden et Jacques de Repara et Domas du Rif, presbtre et habitués de la dicte esglise Sainct Saulveur, a ce par devant nous comme dessus appellés et moyennant leurs serments sur le bon portement et tranquillité du peuple, gents de l'esglise, de la justice, charges des curés et vicaires, ormy du dict beau père que a presché ceste caresme au dict Crest, du quel nous ont dict avoir esté grandement scandallisés comme ayant presché publiquement aulcunes propositions sentant mal de la foy, parlant du baptesme, du sacrement de l'hostel et aultres constitutions ecclésiastiques en maulvays endroict contre les constitutions divines ecclésiastiques, desquelles les sus nommés chanoynes et habitués ont esté plus amplement par secrete information par nous ouys et interrogés, le tout estant rières nous pour en faire et ministrer justice telle que de raison.

Et lesquelles inquisitions ainsi faictes, avons tous les sus nommés en general a ce presents et le chascung de eulx particulièrement et les absents en leurs personnes exortés, admonesté vivre ensemble en bonne paix, union et fraternelle dilection les ungs avec que les aultres en aymant Dieu, vivant cellon ses saincts et divins commandements et constitutions de saincte mère Esglise, veneration des saincts et sainctes du Paradis, vacquant a faire processions generales et accistants aux sermons et divins offices, a jeusnes, prières et oraisons pour la paix, union et tranquillité, afin que Dieu veulhe donner a tous crestiens ce que nous est plus necessaire. Et incontinent tout ce que dessus faict et apres avoir informé sur les paroles scandalleuses par le dict beau père publié, avecques l'advis de nostre dict official vicaire general, avons decerné lectres de prinse de corps contre le dict beau père, pour estre procedé contre luy comme de raison. Et en vertu duquel nostre decret et ordonnance nostre dict correyer de Vallence nous a despuys le mesme jour rapporté avoir faict toute diligence, accompaigné de Guilhaume Baulme et Jacques Pelhard, habitants du dict Crest, avoir faict deus diligences pour trover ycelluy beau père en plusieurs endroicts et maisons du dict Crest, mesme dans la maison de Mᵉ Guys Barnaud, où ledit beau père estoit logé. Et pendant que foysions les dictes procedures, ycelluy beau père s'en fouyt ou bien demoura caché, sans que nostre dict corrier le ay peu apprehender, come après rapport du dict corrier, actes et procedures sur ce faicts rières nous estants.

EXTRAIT DU
*Bulletin d'histoire ecclésiastique et d'archéologie religieuse
des diocèses de Valence, Digne, Gap, Grenoble et Viviers*
3ᵉ ANNÉE, 1ʳᵉ-2ᵉ LIVRAISONS

Imprimé à 100 exemplaires

www.ingramcontent.com/pod-product-compliance
Lightning Source LLC
Chambersburg PA
CBHW060635050426
42451CB00012B/2600